Yellow Umbrella Books are published by Red Brick Learning
7825 Telegraph Road, Bloomington, Minnesota 55438
http://www.redbricklearning.com

Library of Congress Cataloging-in-Publication Data
Trumbauer, Lisa, 1963-
    [What is an insect? Spanish]
    Qué es un insecto?/por Lisa Trumbauer.
    p. cm.
    ISBN–13: 978-0-7368-5993-6 (hardcover)
    ISBN–10: 0-7368-5993-4 (hardcover)
    ISBN 0-7368-3087-1 (softcover)
    1. Insects—Juvenile literature. I. Title.
QL467.2.T78 2006c
595.7—dc22   2005042409

Written by Lisa Trumbauer
Developed by Raindrop Publishing

Editorial Director: Mary Lindeen
Editor: Jennifer VanVoorst
Photo Researcher: Wanda Winch
Adapted Translations: Gloria Ramos
Spanish Language Consultants: Jesús Cervantes, Anita Constantino
Conversion Assistants: Jenny Marks, Laura Manthe

Photo Credits
Cover: Paul Hartley/Image Ideas, Inc.; Title Page: Don W. Abrams; Page 4:
Scott Bauer/USDA/ARS; Page 6: Digital Vision; Page 8: Paul Hartley/Image
Ideas, Inc.; Page 10: Paul Hartley/Image Ideas, Inc.; Page 12: Ruth Adams/Index
Stock; Page 14: Paul Hartley/Image Ideas, Inc.; Page 16: J. M. Burnley/Bruce
Coleman, Inc.

1 2 3 4 5 6 11 10 09 08 07 06

¿Qué es un insecto?

por Lisa Trumbauer

Yellow Umbrella Books

for early readers

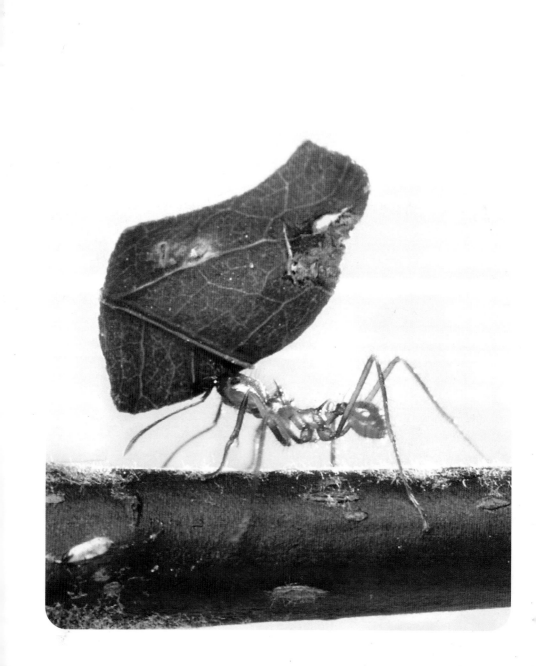

4

Una hormiga es un insecto.

Una abeja es un insecto.

Una mariposa es un insecto.

Una mariposa es un insecto.

Una mariposa es un insecto.

Una mariquita es un insecto.

Un saltamontes es
un insecto.

Una luciérnaga es
un insecto también.

Índice

Una mariposa es un insecto.